AF723413

Anja Stettner
Materialien und Kopiervorlagen
zur Klassenlektüre

Heidemarie Brosche

Die blödeste Superkraft aller Zeiten

Hase und Igel®

Inhalt

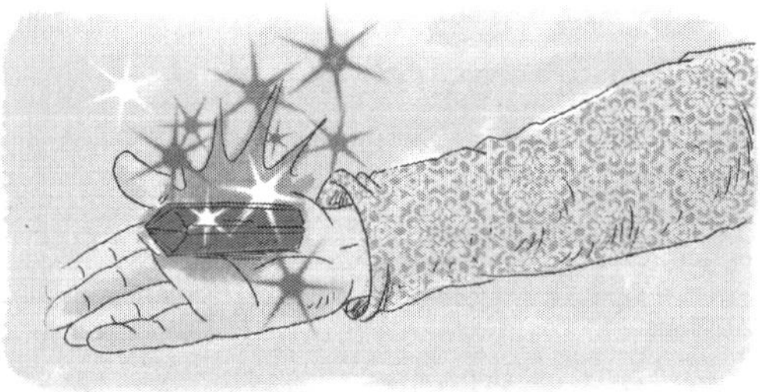

MIX Papier FSC® C130643

Druckprodukt CO₂ kompensiert
klima-druck.de
ID-Nr. 24173238
Mehr Informationen zur Berechnungsmethodik, zur Kompensation und dem gewählten Goldstandard-Klimaschutzprojekt finden Sie unter klima-druck.de/ID.

Bildnachweis:
© Shutterstock – BONEVOYAGE: S. 17

80797 München, service@hase-und-igel.de
www.hase-und-igel.de
Lektorat: Anna Schultes
Illustrationen: Jana Moskito
Satz: Appel Grafik München GmbH
Druck: Joh. Walch GmbH & Co. KG, Im Gries 6,
86179 Augsburg, kontakt@walchdruck.de

ISBN 978-3-86316-261-0
3. Auflage 2025

Das Buch

Wer hätte nicht gern eine Superkraft? Wahrscheinlich hat jedes Kind schon einmal davon geträumt, fliegen zu können, besonders stark zu sein oder mit Tieren zu sprechen. In der Lektüre „Die blödeste Superkraft aller Zeiten“ kann die Hauptfigur Ben allerdings etwas ganz anderes, was zu vielen witzigen Situationen führt, die Leserinnen und Leser aber auch zum Nachdenken anregt. Denn Ben fällt es mit seiner Superkraft leichter, sich in seine Mitmenschen einzufühlen. Neben der Fähigkeit zur Empathie klingen noch weitere Themen an, die Grundschüler interessieren: Mediennutzung, das Miteinander in der Klasse, erste Verliebtheit, Rollenverhalten innerhalb der Familie und der Umgang mit Konflikten.

Ben kann es nicht fassen: Ein Gewinnspiel im Internet verspricht ihm eine Superkraft! Wachsen ihm jetzt dicke Muskeln? Oder Flügel? Doch dann passiert etwas, womit der Junge überhaupt nicht gerechnet hat: Er hört plötzlich die Gedanken anderer Menschen. Zu Beginn ist Ben deshalb verunsichert. Aber mit der Zeit erkennt er auch den positiven Effekt: Wer weiß, was in jemandem vorgeht, versteht besser, warum er bestimmte Dinge sagt oder tut. Ob die seltsame neue Kraft ihm helfen kann, seine Mitschülerin Lena zu beeindrucken? Als Ben mit seiner Fähigkeit herausfindet, dass das Mädchen ihn ebenfalls mag, fällt ihm die erste Annäherung gleich viel leichter. Da ist es dann auch halb so schlimm, dass die Superkraft nach 24 Stunden wieder verschwunden ist …

Die Autorin Heidemarie Brosche lässt Ihre Schüler an den Gedanken und Gefühlen der Figuren teilhaben. Auf unterhaltsame Weise wird deutlich: Alle profitieren davon, wenn wir im Blick behalten, was unsere Mitmenschen denken und fühlen. Und am Ende stellt die Hauptfigur fest, dass man dazu gar keine Superkraft braucht.

Das Buch eignet sich mit seiner leicht verständlichen Sprache, den auflockernden Textnachrichten und Gedankenblasen sowie den witzigen Illustrationen von Jana Moskito für den Einsatz in der dritten und vierten Klasse. Als Titel der Reihe LEVEL 1, 2, 3 liegt es in drei Lesestufen vor: Level 3 enthält den ungekürzten Text in Serifenschrift und entspricht den normalen Anforderungen einer Lektüre für diese Altersstufe. Level 2 bietet eine gekürzte Fassung der Geschichte in Fibelschrift, Level 1 ist zusätzlich mit Silbenhilfe gesetzt. So werden insbesondere unbekannte Wörter auf Anhieb in der korrekten Silbierung gelesen und der Sinn des Textes erschließt sich einfacher und schneller. Da bei der Kürzung darauf geachtet wurde, dass der Inhalt jeder Buchseite weitgehend erhalten bleibt, können die drei Fassungen parallel innerhalb einer Lerngruppe eingesetzt werden. Sie eignen sich somit hervorragend zur Differenzierung.

Das Material

Das Unterrichtsmaterial regt Ihre Schüler unter anderem dazu an, über folgende Fragen nachzudenken und zu diskutieren: Woran liegt es, dass unsere Gedanken und Gefühle manchmal wenig mit unseren Äußerungen und Handlungen zu tun haben? Warum können wir nicht immer offen sagen, was in uns vorgeht? Was hilft dabei, sich in andere Menschen einzufühlen?

Das Material orientiert sich an der Kapitelstruktur der Lektüre und bietet passgenaue Arbeitsaufträge für alle drei Lesestufen. Nach Gesprächs- und Schreibanlässen, die zur Reflexion über das Gelesene anregen, sowie Hinweisen und Lösungen zu den Kopiervorlagen (Seite 4 bis 13) folgen zwei Kopiervorlagen zu jedem Kapitel. Zu Beginn finden Sie immer ein Arbeitsblatt, das dieselbe Überschrift wie das jeweilige Kapitel trägt und abwechslungsreich das Textverständnis sichert. Weil hier eng am Lektüretext gearbeitet wird, stehen diese Blätter in differenzierter Form zur Verfügung: Jeweils ein Blatt wird von Schülern gelöst, die Level 1 oder 2 gelesen haben, eine Variante von denen, die Level 3 gelesen haben.

Darüber hinaus gibt es Kopiervorlagen, die vor oder nach der Lektüre zum Einsatz kommen bzw. den Leseprozess begleiten: Die Kinder erstellen ein Placemat zur Autorin und befassen sich mit Superhelden, Mimik und Streitschlichtung. Außerdem gestalten sie einen Comic sowie einen Infocube und spielen ein Würfelspiel mit Bewegungselementen.

Die Aufgaben eignen sich für verschiedene Sozialformen wie Einzel-, Partner- oder Gruppenarbeit und fördern die Eigenaktivität Ihrer Schüler. Die Arbeitsblätter sind so gestaltet, dass Sie sie sowohl im gebundenen Unterricht als auch in freien Unterrichtsformen verwenden können.

Viel Freude und Erfolg beim Einsatz des Materials und inspirierende Einblicke durch Bens besondere Superkraft wünscht Ihnen und Ihrer Klasse

Anja Stettner

Das Buch im Unterricht

Vor der Lektüre

Nutzen Sie den Titel „Die blödeste Superkraft aller Zeiten“ als freien Impuls. Sammeln Sie die Ideen der Schüler mithilfe der Methode Think-Pair-Share: Zunächst überlegt jedes Kind eigenständig, was ihm dazu einfällt („Think“). In der nächsten Phase tauschen sich die Schüler zu zweit darüber aus („Pair“). Zum Schluss werden die Ergebnisse im Plenum zusammengetragen und besprochen („Share“).

Hinweise zur Kopiervorlage

KV Seite 14

Heidemarie Brosche

Das Placemat (Platzdeckchen) wird in Vierergruppen bearbeitet. Dazu setzt sich je ein Kind an eine der Seiten des Blattes, das zur besseren Übersicht auf DIN A3 kopiert wird. Jeder Schüler füllt das vor ihm liegende Feld so weit wie möglich aus. Nun wird das Blatt um neunzig Grad gedreht. Alle lesen das Geschriebene und ergänzen weitere Informationen in dem jetzt vor ihnen liegenden Feld. So geht es reihum, bis jeder die vier Felder bearbeitet hat. Zur Verdeutlichung, wer was geschrieben hat, können Ihre Schüler verschiedene Farben verwenden.

Abschließend werden die Ergebnisse im Plenum präsentiert und reflektiert. Informationen finden die Kinder u. a. auf der Website der Autorin: *http://www.h-brosche.de/*.

Lösung

Leben: geboren 1955 in Neuburg/Donau, verheiratet, Mutter von drei Söhnen
Berufe: Lehrerin an Grund- und Hauptschulen in Bayern, Lehrauftrag an der Universität in München, Autorin
Bücher: Die Autorin schreibt für Kinder, Jugendliche und Erwachsene, z. B. „Ein Schatz auf dem Schulhof“, „Lucky Loser“, „Couch on Fire“, „Schilly-Billy Superstar“, „Vereint gegen Mobbing in der Schule“.
Noch mehr Wissenswertes: Leseförderung ist Heidemarie Brosche ein Herzensanliegen. Sie macht auch einen Podcast zum Thema „Interkulturelles Verständnis“.

Weiterführende Anregung

Die Autorin freut sich über eine Rückmeldung von Ihnen oder Ihrer Klasse. Auf der Website von Heidemarie Brosche finden Sie die E-Mail-Adresse. Dort können Sie auch anfragen, ob die Autorin zu einer Lesung an Ihre Schule kommt.

1. Kapitel: Unterricht zu Hause

Gesprächs- und Schreibanlässe

Ben hat Unterricht zu Hause.
- Hast du auch schon einmal Homeschooling erlebt? Wie ist es dir damit ergangen?
- Wie ist Homeschooling an eurer Schule organisiert?

Ben lebt zu Hause mit seinem Vater und seiner kleinen Schwester.
- Wer gehört alles zu deiner Familie?
- Es gibt noch viele weitere Möglichkeiten, wie eine Familie zusammengesetzt sein kann. Welche kennst du?

Ein paar seiner Klassenkameraden bezeichnet Ben als „Trantüten“ (Seite 10).
- Was meint er damit?
- Findest du es in Ordnung, andere so zu nennen? Warum (nicht)?

Hinweise zu den Kopiervorlagen

KV Seite 15/16

Unterricht zu Hause

Dieses Arbeitsblatt dient der Wiederholung des Inhalts des 1. Kapitels und prüft zugleich ab, ob der Sinn des Textes verstanden wurde. Die Schüler können die Sätze aus dem Gedächtnis vervollständigen oder im Buch nachlesen. Bei der Variante für Level 1 und 2 müssen keine Satzteile, sondern nur einzelne Wörter ergänzt werden. Auf welchen Seiten der Lektüre diese zu finden sind, steht in Klammern hinter den Sätzen.

Lösung Seite 15 (Level 1 und 2)

Aufgabe 1:

1. Ben hat Unterricht zu Hause, weil in der Schule ein Wasserrohr kaputt ist.
2. Ausgerechnet heute wäre Ben gern in die Schule gegangen. Denn er möchte Lena mit einem Kristallstein beeindrucken.
3. Am Bildschirm erzählt Herr Huch der Klasse etwas über Bäume im Herbst.
4. Ben kann den Herbst nicht leiden, denn dann sind die Sommerferien endgültig vorbei.
5. Der Schultag zu Hause ist ziemlich langweilig. Deshalb spielt Ben mit seinem Handy.

6. Plötzlich passiert etwas Spannendes: Er bekommt eine Nachricht mit einem Link zu einem Gewinnspiel.

Lösung Seite 16 (Level 3)
Aufgabe 1:
1. Ben hat Unterricht zu Hause, weil in der Schule ein Wasserrohr kaputt ist.
2. Ausgerechnet heute wäre Ben gern in die Schule gegangen, denn er möchte Lena mit einem Kristallstein beeindrucken.
3. Am Bildschirm erzählt Herr Huch der Klasse etwas über Bäume im Herbst.
4. Ben kann den Herbst nicht leiden, denn dann sind die Sommerferien endgültig vorbei.
5. Der Schultag zu Hause ist ziemlich langweilig, deshalb spielt Ben mit seinem Handy.
6. Plötzlich passiert etwas Spannendes: Er bekommt eine Nachricht mit einem Link zu einem Gewinnspiel.

KV Seite 17 **Steine, Steine, Steine**
Als vorbereitende Hausaufgabe bringen die Kinder ihren Lieblingsstein mit oder sammeln ein schönes Exemplar. Im Plenum beschreiben sie die Steine, fassen Gemeinsamkeiten und Unterschiede in Worte und erzählen von den Fundorten. An diese Spracharbeit schließt sich die Umsetzung der Aktivitäten rund um Steine an. Je nach Situation in der Klasse kann aus den sechs Anregungen auf dem Blatt ausgewählt werden. Auch der Einsatz in freien Unterrichtsformen bietet sich an.

Weitere Ideen: z. B. Steingedicht verfassen, Steintürme bauen und fotografieren, Steinsteckbrief erstellen, Lied über Steine singen, zu heilsamen Wirkungen von Steinen recherchieren, Steine übers Wasser springen lassen.

2. Kapitel: Gewinnspiel mit Superkraft

Gesprächs- und Schreibanlässe

Das Superkraft-Gewinnspiel weckt Bens Neugier. Deshalb macht er mit.
- Nimmst du auch an Gewinnspielen teil?
- Hast du schon einmal etwas gewonnen? Was würdest du gern gewinnen? Erzähle.
- Gibt es manchmal Nachteile bei der Teilnahme? Begründe.

Ben ist sauer und enttäuscht, weil er die Superkraft nicht gleich spürt.
- In welcher Situation hast du dich schon einmal so gefühlt?
- Was tust du gegen negative Gefühle?

Am Ende des Kapitels ist Ben ein Musterschüler.
- Was ist ein Musterschüler?
- Warum ist es Ben peinlich zu wiederholen, was er gerade gelernt hat?
- Wird man in eurer Klasse aufgezogen oder ausgelacht, wenn man im Unterricht gut aufpasst und mitmacht?

Hinweise zu den Kopiervorlagen

KV Seite 18 / 19 **Gewinnspiel mit Superkraft**
Hier geht es darum, sich in Ben hineinzuversetzen und seine Wünsche nachzuvollziehen. Er malt sich aus, als Super-Ben in der Schule zu erscheinen. Die Schüler denken sich dazu drei passende Situationen aus. Bei der leichteren Variante müssen die Kinder nur zwei Situationen beschreiben. Lassen Sie Ihre Schüler bei Aufgabe 2 vermuten, was Ben da eigentlich hört. (Die Hauptfigur selbst begreift erst im 4. Kapitel, dass es sich um die Gedanken der Mitmenschen handelt.)

Lösung Seite 18 (Level 1 und 2)
Aufgabe 1:
Wachsen mir jetzt dicke Muskeln? – Ben trägt die Rucksäcke aller Mitschüler.
Oder Flügel? – Ben zeigt tolle Kunststücke draußen vor dem Fenster.

Aufgabe 2:
Ben hört plötzlich die Stimme seines Lehrers Herr Huch, obwohl dieser den Mund geschlossen hat.

Lösung Seite 19 (Level 3)
Aufgabe 1:
Wachsen mir jetzt dicke Muskeln? – Ben trägt die Rucksäcke aller Mitschüler.
Oder Flügel? – Ben zeigt tolle Kunststücke draußen vor dem Fenster.
Oder kann ich durch Wände gehen? – Ben besucht unbemerkt die Nachbarklasse.

Aufgabe 2:
siehe Lösung zu Level 1 und 2

Weiterführende Anregung
Ben soll bei dem Gewinnspiel ein Buchstabenrätsel lösen. Die Kinder denken sich selbst Rätsel mit vertauschten

Buchstaben (Anagramme) aus und stellen sich diese gegenseitig, z. B. Mehl – Lehm, Eimer – Reime, Nagel – Lagen, wachsen – waschen, Lampe – Palme – Ampel.

KV Seite 20 / 21

Bunte Blätter im Herbst

Bens Klasse lernt etwas über den Farbwechsel der Blätter im Herbst. Die Kopiervorlage greift dieses Thema aus dem Sachunterricht auf. Sicher wissen Ihre Schüler bereits, dass sich bei uns die Blätter der meisten Laubbäume im Herbst verfärben. Im Sachtext erhalten sie Informationen über den biologischen Vorgang, der dafür verantwortlich ist. Der Text liegt in zwei Schwierigkeitsstufen vor. Bei der leichteren Variante sind die Sätze kürzer und einfacher konstruiert. Zudem beginnt jeder Satz in einer neuen Zeile.

Leistungsstärkere Schüler sammeln zusätzliche Informationen in Lexika oder im Internet und teilen sie mit der Klasse. Thematisieren Sie im Plenum, warum die Blätter abfallen, sobald sich der grüne Farbstoff zurückgezogen hat: Zwischen Blatt und Ast bildet sich eine dünne Korkschicht. Das Blatt wird deshalb nicht mehr vom Baum mit Wasser und Nährstoffen versorgt. Es „verhungert" und fällt ab.

Lösung (Level 1 und 2 / Level 3)

Aufgabe 2:

1. Der grüne Farbstoff in den Blättern der Laubbäume heißt Chlorophyll.
2. Im Herbst wird das Chlorophyll in den Blättern abgebaut. Die Bäume speichern es in den Ästen und Wurzeln für das nächste Jahr.
3. Über den Winter wird das Chlorophyll vom Baum gespeichert.
   Die anderen Farbstoffe sind auch in den grünen Blättern enthalten.

3. Kapitel: Ein merkwürdiger Tag

Gesprächs- und Schreibanlässe

Ben isst am Mittag allein zu Hause.

- Wo nimmst du nach dem Unterricht dein Mittagessen zu dir?
- Wird frisch gekocht oder manchmal auch etwas aufgewärmt?
- Was schmeckt dir (nicht)?

Im Treppenhaus nimmt Ben seiner älteren Nachbarin die Einkaufstaschen ab.

- Wem hast du schon geholfen? Erzähle.
- Wo wohnst du? In einer Wohnung oder in einem Haus?
- Wer wohnt in deiner Nähe? Hast du manchmal Kontakt zu euren Nachbarn?

Ben spielt mit seinen Freunden Fußball. Timo möchte mitspielen, ist aber nicht gern gesehen.

- Ist es dir auch schon einmal so ergangen wie Timo?
- Welche Hobbys hast du? Wie verbringst du deine Nachmittage?

Hinweise zu den Kopiervorlagen

KV Seite 22 / 23

Ein merkwürdiger Tag

Das Arbeitsblatt greift ein Hauptthema der Lektüre auf: Personen handeln bzw. sprechen teilweise anders, als sie sich fühlen bzw. als sie denken. Diese Diskrepanz soll Ihren Schülern in Aufgabe 1 mithilfe von Beispielen aus dem Text bewusst werden. Seite 22 berücksichtigt die gekürzte Fassung von Level 1 und 2. In Aufgabe 2 fassen die Kinder ihre Erkenntnisse zusammen.

Abschließend können sie sich im Plenum über die Ereignisse dieses merkwürdigen Tages und über Bens Fähigkeit austauschen. Sie äußern sich dazu, wie es ihnen wohl ergehen würde, wenn sie die Gedanken anderer Menschen hören könnten.

Lösung Seite 22 (Level 1 und 2)

Aufgabe 1:

Frau Steiger – „Ich brauche keine Hilfe. Leider kann ich vor Erschöpfung nicht mal mehr lächeln. Dabei hab ich den Jungen sehr gern." – Auf Bens Frage, ob sie Hilfe braucht, schüttelt die Person den Kopf.

Mick – „Mann, den hätte ich kriegen müssen! Jetzt denken alle, ich wäre eine Niete." – „Timo, du Blödmann! Nur wegen dir hab ich den nicht gekriegt."

Timo – „Immer mache ich alles falsch. Was für ein Mist!" – „Tut mir leid."

Aufgabe 2:

Die Personen handeln anders und sagen etwas anderes, als sie denken.

Lösung Seite 23 (Level 3)
Aufgabe 1:
Frau Steiger – „So alt bin ich noch nicht, dass ich Hilfe brauche. Leider kann ich vor Erschöpfung nicht mal mehr lächeln. Dabei hab ich den Jungen sehr gern." – Auf Bens Frage, ob sie Hilfe braucht, schüttelt die Person den Kopf.
Mick – „Mann, den hätte ich kriegen müssen! Jetzt denken alle, ich wäre eine Niete." – „Timo, du Blödmann! Nur wegen dir hab ich den nicht gekriegt."
Timo – „Immer mache ich alles falsch. Was für ein Mist!" – „Tut mir leid."

Aufgabe 2:
siehe Lösung zu Level 1 und 2

KV Seite 24 **Das passt doch nicht zusammen!**
Hier dreht sich alles um die Frage: Warum können wir nicht immer offen sagen, was in uns vorgeht? Zu Beginn führen sich die Schüler anhand von Beispielen vor Augen, wann das besonders schwer ist. Sie erarbeiten mit einem Partner Rollenspiele, die Ben und Lena in Kontakt mit einem Freund bzw. einer Freundin zeigen. Was würden die beiden in diesen Situationen wohl sagen oder tun? Wer möchte, präsentiert eine Szene vor der Klasse.

Aus den gesammelten Erfahrungen und Eindrücken leiten die Kinder ab, warum es nicht immer einfach ist, seine eigentlichen Gedanken zu äußern oder Gefühle zu zeigen (siehe Lösung zu Aufgabe 2). Abschließend spielen die Partner ihre Rollenspiele noch einmal neu: Diesmal geben Ben und Lena etwas mehr von sich preis.

Lösung
Aufgabe 2:
z. B. Angst, sich zu blamieren; Scham; Unzufriedenheit; schlechte Erfahrungen mit Offenheit; keine Schwäche zeigen wollen; fehlende Vertrautheit

Weiterführende Anregungen
- Die Schüler proben kurze Szenen mit Situationen, die sie selbst schon erlebt haben. Wie haben sie reagiert? Welche anderen Möglichkeiten sind denkbar?
- Thematisieren Sie im Klassengespräch, dass man auch deshalb manchmal nicht offen spricht, um einen anderen Menschen zu schützen. Wer hat z. B. etwas davon, wenn ich meinem Freund sage, dass mir seine neue Frisur nicht gefällt? Nicht immer ist es hilfreich oder angebracht zu äußern, was man wirklich denkt. Denn damit kann man andere verletzen.

4. Kapitel: Der größte Pechvogel

Gesprächs- und Schreibanlässe

Zum Nachdenken setzt sich Ben auf seinen Lieblingsast der alten Eiche.
- Hast du auch einen Ort, an den du dich zurückziehen kannst? Oder wünschst du dir einen? Erzähle.
- Warum ist dieser Ort ein Kraftort für dich?

Ben hört die Gedanken anderer Menschen.
- Würdest du das auch gern können?
- In welchen Situationen wäre es praktisch?
- Fändest du es manchmal gut, wenn jemand hören könnte, was du denkst?

Fiona mag es nicht, wenn Ben sie Fifi nennt.
- Wieso gefällt ihr das wohl nicht?
- Findest du, Ben sollte Rücksicht auf ihren Wunsch nehmen? Begründe.
- Hast du einen Spitznamen? Wie lautet er? Magst du ihn?

Hinweise zu den Kopiervorlagen

KV Seite 25/26 **Der größte Pechvogel**
Mit diesem Arbeitsblatt sichern Sie das Textverständnis des 4. Kapitels. Es liegt ebenfalls in zwei Schwierigkeitsstufen vor. Die Variante für Level 1 und 2 berücksichtigt den gekürzten Lektüretext. Mithilfe des Lösungsworts können sich die Schüler selbst kontrollieren.

Lösung (Level 1 und 2/Level 3)
Aufgaben 1 und 2:
Lösungswort: STIMME

KV Seite 27 **Superkräfte**
Das Thema Superkräfte fasziniert die meisten Kinder. Steigen Sie mit folgender Frage in den Unterricht ein: „Welche Superkräfte kennst du?" Die Schüler tragen Ideen zusammen, die sie später auf dem Arbeitsblatt notieren. Bei Bedarf lesen sie im Buch auf Seite 24/25 nach. Da in Level 1 und 2 nur vier Stichworte genannt werden (dicke Muskeln, Flügel, sich unsichtbar machen, Gedanken hören), können Level-3-Leser mit weiteren Beispielen helfen (durch Wände gehen, wahnsinnig schnell rennen, durch die Zeit reisen, die Sprache der Tiere verstehen).

In Aufgabe 2 schreiben die Kinder auf, welche Superkraft ihnen selbst gefallen würde und warum. Abschließend können sie ihre Texte einem Partner vorlesen.

Lösung
Aufgabe 1:
z. B. sich unsichtbar machen, superstark sein, fliegen, superschnell rennen, durch die Zeit reisen, mit Tieren sprechen

5. Kapitel: Kraft, die Kraft kostet

Gesprächs- und Schreibanlässe

Am Ende des Tages ist Ben sehr müde.
- Was kostet dich Kraft und macht dich müde?
- Was gibt dir Kraft?

Sein Handy muss Ben nachts in der Schublade lassen.
- Findest du diese Regel sinnvoll? Warum (nicht)?
- Hast du auch schon ein Handy? Welche Regeln habt ihr in der Familie zur Nutzung vereinbart?

Ben erzählt seinem Vater nichts von der Superkraft.
- Warum vertraut er sich ihm nicht an?
- In welchen Situationen ist es besser, sich an einen Erwachsenen zu wenden? Nenne Beispiele.

Hinweise zu den Kopiervorlagen

KV Seite 28 / 29

Kraft, die Kraft kostet
Mithilfe des Kreuzworträtsels wird das Textverständnis des 5. Kapitels überprüft. Es kann allein oder mit einem Partner bearbeitet werden. Auf Seite 28 (für Level 1 und 2) helfen Seitenzahlen bei der Suche nach den sechs Begriffen. Außerdem stehen bereits einige Buchstaben im Gitter.

Ben stellt fest, dass ihn die Stimmen dazu bringen, sein Verhalten zu ändern. Abschließend können die Kinder im Plenum darüber sprechen, was sie dazu anregt, ihr eigenes Verhalten zu überdenken.

Lösung (Level 1 und 2/Level 3)

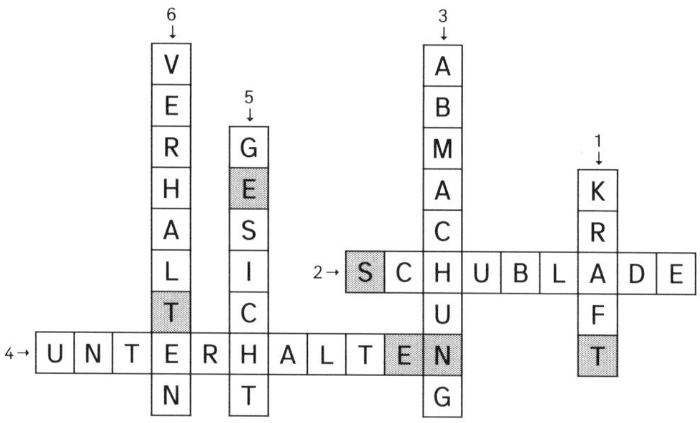

Lösungswort: TESTEN

KV Seite 30

Interview mit einem Superhelden
Die Schüler suchen sich hier einen Superhelden oder eine Superheldin aus, mit dem oder mit der sie ein Interview führen. Vielleicht ist manch einer schon ein Fan, dann fällt die Entscheidung nicht schwer. Für die übrigen Kinder können Sie Figuren zur Wahl stellen, z. B. aus Comics (Superman, Spider-Man, Wonder Woman, Catwoman), aus der griechischen Mythologie (Herkules, Achilles, Athene) oder aus der Wirklichkeit (Mutter Teresa, Greta Thunberg, Feuerwehrmann / -frau). Erläutern Sie bei Bedarf den Begriff „Alltagsheld“: Darunter versteht man eine echte Person, die anderen ohne übernatürliche Kräfte hilft und einen wichtigen gesellschaftlichen Beitrag leistet.

Das Interview kann auch sehr gut in Partnerarbeit geführt werden: Ein Schüler stellt die Fragen, der Partner antwortet in der Rolle des Superhelden. Zum Abschluss stellen die Kinder ihre Interviews im Klassenverband vor.

6. Kapitel: Nicht ins Gesicht schauen

Gesprächs- und Schreibanlässe

Obwohl Ben manchmal genervt von Fiona ist, kümmert er sich liebevoll um seine kleine Schwester.
- Nenne eine passende Szene aus dem 6. Kapitel. (Seite 39: Ben holt Schlafsand aus Fionas Auge.)
- Hast du Geschwister? Gibt es da auch unterschiedliche Gefühle? Erzähle.

Ben überlegt sich auf dem Weg zur Schule, wie er auf Robby reagieren soll.
- Was hat Robby gemacht?

- Wann überlegst du dir vorher, wie du dich in einer bestimmten Situation verhalten kannst? Nenne ein Beispiel.
- Warum ist das manchmal besser als eine spontane Reaktion?

Die Münze von der Nachbarin Frau Steiger, der Ben ihre Einkaufstaschen nach oben getragen hat, gibt er an einem Kiosk aus.

- Wo kaufst du (allein) ein?
- Mit welchem Geld bezahlst du?
- Was gönnst du dir von deinem Taschengeld? Oder sparst du es lieber?

Hinweise zu den Kopiervorlagen

KV Seite 31 / 32 **Nicht ins Gesicht schauen**

Um diese Aufgabe zu bearbeiten, müssen die Schüler das 6. Kapitel genau lesen. Es erfordert Konzentration, die Fehler im Text auf dem Blatt zu verbessern. Dabei gibt es zwei Möglichkeiten: Die Kinder notieren die korrekten Begriffe entweder direkt über den Fehlern auf ihrem Blatt oder sie schreiben die Zusammenfassung des Kapitels richtig ins Heft. Die Variante für Level 1 und 2 berücksichtigt den gekürzten Lektüretext. Darüber hinaus sind die acht falschen Wörter dort bereits unterstrichen. Es sind zwei weniger als bei Level 3.

Lösung Seite 31 (Level 1 und 2)

Beim Frühstück bemüht sich Ben, seiner Schwester nicht ins Gesicht zu schauen. Er will den Test auf keinen Fall verpfuschen! Als Fiona sich verabschiedet, merkt Ben, dass sie Schlafsand im Auge hat. Beim Entfernen sieht er sie aus Versehen doch an. Sofort hört er Fionas Stimme: „Ich hab meinen Bruder fo lieb.“ Also war seine Vermutung richtig!
Zum Glück hat Ben heute wieder Unterricht in der Schule. Er hat den Kristallstein für Lena und die Münze von seiner Nachbarin dabei. Auf dem Schulweg denkt Ben an Robby, der immer wieder Gemeinheiten auf Lager hat. Aber jetzt wird er sich wehren!
Unterwegs kommt Ben an einem kleinen Kiosk vorbei. Dort kauft er sich Knusperschokolade. Der neue Verkäufer sieht ihn unfreundlich an. Als Ben seinen Test kurz vergisst und den Blick entgegnet, hört er die Stimme des Mannes: „Ich hab Angst, dass mich gleich an meinem ersten Arbeitstag jemand beklaut.“ Nachdem Ben nun weiß, was los ist, lächelt er zum Abschied.

Lösung Seite 32 (Level 3)

Beim Frühstück bemüht sich Ben, seiner Schwester nicht ins Gesicht zu schauen. Er will den Test auf keinen Fall verpfuschen! Als Fiona sich verabschiedet, merkt Ben, dass sie Schlafsand im Auge hat. Beim Entfernen sieht er sie aus Versehen doch an. Sofort hört er Fionas Stimme: „Ich hab meinen Bruder fo lieb.“ Also war seine Vermutung richtig!
Zum Glück hat Ben heute wieder Unterricht in der Schule. Er hat den Kristallstein für Lena und die Münze von seiner Nachbarin dabei. Auf dem Schulweg denkt Ben an Robby, der immer wieder Gemeinheiten auf Lager hat. Aber jetzt wird er sich wehren!
Unterwegs kommt Ben an einem kleinen Kiosk vorbei. Dort kauft er sich Knusperschokolade. Der neue Verkäufer sieht ihn unfreundlich an. Als Ben seinen Test kurz vergisst und den Blick entgegnet, hört er die Stimme des Mannes: „Ich hab Angst, dass mich gleich an meinem ersten Arbeitstag jemand beklaut. Der Chef hat extra gesagt, ich soll gut aufpassen.“ Nachdem Ben nun weiß, was los ist, lächelt er zum Abschied.

KV Seite 33 **Ins Gesicht geschaut**

Diese Kopiervorlage rückt die Frage in den Fokus, was wir vom Gesicht des Gegenübers ablesen können, und hebt die Bedeutung der Mimik für unsere Kommunikation hervor. Zum Einstieg eignet sich die bekannte Redewendung „jemandem steht etwas ins Gesicht geschrieben“. Geben Sie den Kindern ein Beispiel (z. B. „Die Freude steht dir ins Gesicht geschrieben.“) und fragen Sie, was der Satz bedeutet. Führen Sie ggf. den Begriff „Mimik“ ein: Sichtbare Bewegungen im Gesicht, mit denen eine Person Gefühle oder Absichten (meist unbewusst) ausdrückt.

Leiten Sie dann zum Arbeitsblatt über. Dort markiert zunächst jeder für sich, was man seiner Meinung nach am Gesicht eines anderen ablesen kann. Einige Schüler stellen ihre Ergebnisse vor. Haben alle dieselben Begriffe eingekreist? Wichtig ist, dass es hier nicht um „richtig“ oder „falsch“ geht. Einige Gefühlszustände wie Freude, Wut oder Scham erkennen wir oft relativ leicht. Bei Aspekten wie z. B. Nationalität, Geschlecht oder Reichtum wird es schon weniger eindeutig. Es gibt Verletzungen, die man sehen kann (z. B. Kratzer), aber auch innere Verletzungen (z. B. Kränkungen), die man nicht unbedingt sehen kann. Sicher entwickelt sich hier eine lebhafte Diskussion in der Klasse.

Meist trägt die Mimik dazu bei, dass wir unser Gegenüber besser verstehen. Hier bieten sich Rollenspiele zur Verdeutlichung an. Gehen Sie ggf. darauf ein, dass es aber auch zu Missverständnissen kommen kann, wenn man den Gesichtsausdruck des anderen falsch deutet. Im Zusammenhang mit der Corona-Pandemie ist es interessant, die eingeschränkt erkennbare Mimik aufgrund einer Mund- und Nasenbedeckung zu thematisieren.

7. Kapitel: Onkel Ben und Robby-Car

Gesprächs- und Schreibanlässe

Ben und Robby kommen nicht gut miteinander zurecht.
- Gibt es in deinem Umfeld Personen, die immer wieder aneinandergeraten?
- Kennst du die Gründe dafür?

Aber Ben hat auch Freunde.
- Mit welchen Mitschülern versteht er sich gut?
- Mit wem bist du befreundet? Sind es Kinder aus deiner Klasse oder vielleicht aus der Nachbarschaft?

Zu Lena möchte Ben gern etwas über den Kristallstein sagen, doch ihm fehlen die richtigen Worte.
- Warum fällt es Ben so schwer, Lena anzusprechen?
- Hast du es auch schon einmal erlebt, dass dir in einer Situation nicht die passenden Worte einfallen wollten? Erzähle.

Hinweise zu den Kopiervorlagen

KV Seite 34 / 35

Onkel Ben und Robby-Car
Im 7. Kapitel geht es zum einen um den Konflikt zwischen Ben und Robby, aber eben auch um Bens Gefühle für Lena. Beispiele für das daraus resultierende Verhalten bzw. die Gedanken des Jungen stehen in Aufgabe 1 im Fokus. Bei Aufgabe 2, wo es um seine Unsicherheit geht, wird die Erfahrungswelt der Kinder miteinbezogen. Bestimmt können sie selbst von Situationen erzählen, in denen es ihnen schwergefallen ist, einen anderen Menschen anzusprechen. Abschließend stellen Ihre Schüler Vermutungen an, wie sich die Beziehung zwischen Lena und Ben weiterentwickelt.

Lösung Seite 34 (Level 1 und 2)
Aufgabe 1:
z. B. Seite 45: Menno, ich will doch allein mit Lena sprechen!
Seite 47: Ich könnte Lena ja mal ganz nett in die Augen schauen.
Seite 47: Mein Herz beginnt zu trommeln.

Lösung Seite 35 (Level 3)
Aufgabe 1:
z. B. Menno, ich will doch allein mit Lena sprechen! (Seite 45)
Ich konzentriere mich total. Allerdings auf Lena, und zwar so sehr, dass ich plötzlich nicht mehr weiß, wie man schriftlich malnimmt. (Seite 47)
Ich könnte ihr ja mal ganz nett in die Augen schauen. (Seite 47)
Mein Herz beginnt zu trommeln. (Seite 47)

KV Seite 36

Leserallye
Bei der Leserallye steht nicht das Textverständnis im Mittelpunkt, sondern die Förderung der Lesetechnik sowie der Leseflüssigkeit. Es handelt sich bei den Aufgaben um verschiedene Übungen zum Vorlesen von Textabschnitten aus der Lektüre. Geben Sie die Stellen vor oder lassen Sie leistungsstärkere Gruppen selbst wählen. Die Schüler können eigene Vorleseideen auf die leeren Karten schreiben und umsetzen.

Rechts oben ist angegeben, ob die Aufgabe zu zweit oder mindestens zu dritt erledigt wird. Achten Sie darauf, dass sich die Gruppen immer aus Kindern mit identischen Textfassungen zusammensetzen (entweder Level 1 und 2 oder Level 3). Ich-Du-Wir-Würfel können Sie entweder kaufen oder vorhandene Würfel mithilfe von Aufklebern beschriften.

Das Prinzip der Leserallye kann auch auf andere Kapitel oder die ganze Lektüre angewandt werden.

8. Kapitel: Pause mit Streitschlichtern

Gesprächs- und Schreibanlässe

In der Pause haben Robby und Ben Streit.
- Wie gehen wir in der Klasse / an der Schule mit Konflikten um? Wer schlichtet? An wen kannst du dich wenden?
- Welche Regeln gibt es zu diesem Thema?

Durch die Superkraft erfährt Ben auch Neues über seine Lehrer.

- Findest du es gut, wenn deine Lehrer manchmal etwas aus ihrem Leben erzählen? Begründe.
- Wie würdest du das machen, wenn du Lehrer wärst?

Lena findet Ben süß. Als er das mitbekommt, schlägt sein Herz einen Salto.

- Was bedeutet das? Erkläre.
- In welchen Situationen schlägt dein Herz schneller?

Hinweise zu den Kopiervorlagen

KV Seite 37 / 38

Pause mit Streitschlichtern

Dieses Arbeitsblatt thematisiert Bens unterschiedliche Emotionen gegenüber Robby aus der 5. Klasse: Wut und Eifersucht wegen Lena, aber am Ende auch Verständnis. Robby ist ebenfalls eifersüchtig, weil er gemerkt hat, dass Lena an Ben interessiert ist. Bei der Auswahl der Farbe für Robbys Gefühl in Aufgabe 3 gibt es verschiedene Möglichkeiten: Passend ist zum Beispiel die Signalfarbe Rot. Neid und Eifersucht werden auch häufig mit der Farbe Gelb in Verbindung gebracht (vgl. „gelb vor Neid werden"). Fragen Sie die Kinder, für welche Farbe sie sich entschieden haben und warum.

Um Konflikte vermeiden oder lösen zu können, ist es hilfreich, sich mögliche Ursachen bewusst zu machen. Dafür eignet sich ein Klassengespräch. Neben Wut oder Eifersucht stecken hinter Auseinandersetzungen häufig verletzte Gefühle, Angst oder Scham. Ist man gereizt oder hat einen schlechten Tag, neigt man eher dazu, Streit zu suchen. Auch ein Missverständnis kann zu einer (unnötigen) Auseinandersetzung führen.

Unterstützen Sie die Kinder dabei, sich Strategien anzueignen, Konflikte frühzeitig zu erkennen und zu vermeiden, z. B.: Ich-Botschaften formulieren; deutlich sagen, was einen stört; gemeinsam nach Lösungen suchen; wenn Wut aufsteigt, tief durchatmen oder leise von zehn rückwärts zählen und sich beruhigen; die Gefühle des Gegenübers berücksichtigen; sich erst einmal aus dem Weg gehen.

Lösung (Level 1 und 2 / Level 3)

Aufgabe 1:

Sie ziehen sich mit Spitznamen auf.

Robby droht Ben. (Seite 45: „Na, warte, Onkel Ben! Das kriegst du zurück!")

Die Jungen prügeln sich.

Aufgabe 2:

„Eigentlich ist Ben gar nicht so blöd. Aber es macht mich verrückt, dass Lena ihn mag!" (Seite 52)

Aufgabe 3:

EIFERSUCHT oder NEID

Aufgabe 4:

Ben kennt jetzt den Grund für Robbys Verhalten: Auch Robby mag Lena. Deshalb kann Ben besser verstehen, warum Robby so gemein zu ihm ist.

KV Seite 39

Streit schlichten

Zur Vorbeugung von Konflikten gibt es verschiedene Sozialtrainings für Grundschüler. Aber nicht jeder Streit lässt sich vermeiden. Um auf bereits bestehende Konflikte zu reagieren, setzen viele Schulen sogenannte Streitschlichter ein. Speziell ausgebildete Kinder führen mit den Konfliktparteien z. B. ein Schlichtungsgespräch nach vorgegebenem Ablauf. Diskutieren Sie mit Ihrer Klasse, welche Vorteile das hat. (Eine Person, die nicht in die Auseinandersetzung verwickelt ist, hat einen klareren Blick. Sie ist neutral und lässt alle Beteiligten zu Wort kommen. Wenn diese sich beruhigt haben, finden sie eher eine Lösung. Darüber hinaus fällt es den Schülern oft leichter, sich mit Problemen an andere (ältere) Kinder zu wenden als an einen Erwachsenen. Manchmal bemerken Streitschlichter Unstimmigkeiten auch früher als Lehrer und können die Betroffenen ansprechen.) Falls es an Ihrer Schule noch kein Streitschlichterprogramm gibt, sprechen Sie mit der Klasse darüber, ein solches einzuführen.

Auf dem Arbeitsblatt befassen sich die Kinder zunächst theoretisch mit dem Thema. Am Ende setzen sie ihre Kenntnisse in einem Rollenspiel um und zeigen, was sie über Konfliktbewältigung gelernt haben.

Lösung

Aufgabe 1:

Jemand (z. B. ein Streitschlichter) hilft den Streitenden, die Sicht des jeweils anderen zu verstehen. Gemeinsam suchen sie eine faire und gewaltfreie Lösung für den Konflikt.

Aufgabe 2:

Streitschlichter müssen gut zuhören können. Sie sollten sich für die Sichtweise der Streitenden interessieren und deren Gefühle ernst nehmen. Es ist wichtig, dass sie sich nicht auf eine Seite stellen. Sie helfen den Beteiligten, gemeinsam eine Lösung zu finden.

9. Kapitel: Grüne Schimmeraugen

Gesprächs- und Schreibanlässe

Lena freut sich sehr über Bens Geschenk.
- Hast du auch schon einmal ein besonderes Geschenk bekommen? Erzähle.
- Wie hast du reagiert?

Ben hilft Lena bei Englisch.
- Erledigst du Hausaufgaben manchmal zusammen mit Klassenkameraden?
- Worin bist du gut und kannst anderen helfen?

Die Nachrichten auf Bens Handy enthalten auch Emojis (Seite 58/59).
- Wo verwendet man diese Bildchen?
- Was ist toll an Emojis? Welche Nachteile können sie haben?
- Nutzt du Emojis? Welche gefallen dir besonders?

Hinweise zu den Kopiervorlagen

KV Seite 40 / 41 **Grüne Schimmeraugen**
Auf diesem Arbeitsblatt ist der Inhalt des 9. Kapitels in sieben Abschnitte zusammengefasst. Die Schüler ordnen sie in der richtigen Reihenfolge. Bei der leichteren Variante für Level 1 und 2 sind die Sätze kürzer und einfacher strukturiert. Außerdem ist zusätzlich zum Anfang bereits ein weiterer Abschnitt nummeriert.

Lösung Seite 40 (Level 1 und 2)
Aufgabe 1:
6. Ben springt von seinem Bett auf und holt sich eine Banane aus der Küche.
4. In einer Nachricht steht, dass er es jetzt wieder ohne Superkraft schaffen muss.
1. Ben schenkt Lena nach der Schule den Kristallstein, den er im Urlaub gefunden hat.
3. Zu Hause entspannt sich Ben auf seinem Bett. Irgendwann holt er sein Handy: Er hat drei neue Nachrichten.
7. Am Abend wird Ben wieder mit Fiona spielen. Aber vorher will er noch mal los – zu Lena!
5. Ben schreibt Lena zurück. Für den nächsten Tag verabredet er sich mit Mick zum Fußball. Auch Timo soll dabei sein.
2. Ben begleitet Lena nach Hause. Sie unterhalten sich über Urlaub, Steine und Englisch.

Aufgabe 2:
„Vielleicht brauche ich sie gar nicht unbedingt …“

Lösung Seite 41 (Level 3)
Aufgabe 1:
6. Ben springt von seinem Bett auf und holt sich eine Banane aus der Küche.
4. In einer Nachricht steht, dass er es jetzt wieder ohne Superkraft schaffen muss.
1. Ben schenkt Lena nach der Schule den Kristallstein, den er im Urlaub gefunden hat.
3. Zu Hause entspannt sich Ben auf seinem Bett. Irgendwann holt er sein Handy und sieht, dass er drei neue Nachrichten hat.
7. Am Abend wird Ben wieder mit Fiona spielen, aber vorher will er noch mal los – zu Lena!
5. Ben schreibt Lena zurück und verabredet sich für den nächsten Tag mit Mick zum Fußball. Auch Timo soll dabei sein.
2. Während Ben Lena nach Hause begleitet, unterhalten sie sich über Urlaub, Steine und Englisch.

Aufgabe 2:
siehe Lösung zu Level 1 und 2

Weiterführende Anregung
Nutzen Sie die Kapitelüberschrift als Impuls, um sich mit zusammengesetzten Nomen zu beschäftigen: Finden die Kinder weitere Wörter, die aus einem Verb und einem Nomen zusammengesetzt sind?

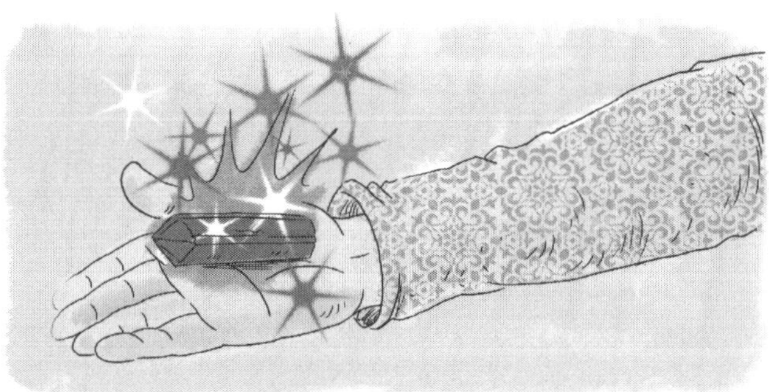

KV Seite 42 **Mit oder ohne Superkraft?**
Hier geht es um die Fähigkeit zur Empathie. Was hilft dabei, sich in andere einzufühlen? Im Buch braucht die Hauptfigur eine Superkraft als Anstoß. Das Arbeitsblatt vermittelt, warum es das Miteinander schöner macht, wenn wir auf die Gefühle und Bedürfnisse der Menschen um uns herum eingehen. Und nicht nur Ben wird letztlich feststellen: Dazu braucht man gar nicht unbedingt eine Superkraft.

Lösung

Aufgabe 1:

z. B. Ben hat Timo beim Fußball mitspielen lassen.
Ben hat sich mit seinem Vater versöhnt, statt zu streiten.
Ben hat sich getraut, Lena den Kristallstein zu schenken.

Aufgabe 2:

Ben wusste plötzlich, was die anderen denken und fühlen. Deshalb hatte er mehr Verständnis für sie.

Aufgabe 3:

Er möchte seine Mitmenschen nun mehr darüber wissen lassen, was er denkt und fühlt.

Aufgabe 4:

z. B. Ich höre anderen zu.
Wenn jemand traurig aussieht, frage ich nach, wie es ihm geht.

Nach der Lektüre

Hinweise zu den Kopiervorlagen

KV Seite 43

Comic

Als vorbereitende Hausaufgabe bringen die Schüler verschiedene Comics und Graphic Novels (Comicromane) von zu Hause mit. Anhand dieser Beispiele erarbeiten sie im Plenum oder in Kleingruppen die Merkmale dieser Kunstform. Dann können sie Aufgabe 1 auf dem Blatt erledigen.

Für die Gestaltung des eigenen Comics empfiehlt es sich, ein Blatt im Format DIN A3 zu verwenden, damit genug Platz für eine gut lesbare Schriftgröße ist. Den Abschnitt der Lektüre, die Anzahl der Einzelbilder und die Farbgestaltung wählen die Schüler selbst. Sie können allein, aber auch zu zweit oder in der Gruppe arbeiten. Die Ergebnisse werden präsentiert, z. B. bei einem Ausstellungsrundgang, und ggf. konstruktiv bewertet.

Lösung

Aufgabe 1:

Geschichte in Bildern mit Texten
Sprech- und Gedankenblasen
Rahmen um Bilder
unterschiedliche Schriften
Geräuschwörter (z. B. PENG!)

Weiterführende Anregung

Comics lassen sich auch digital erstellen. Dafür gibt es verschiedene, teils kostenlose Programme (z. B. Canva). Ideen für eine passende Unterrichtseinheit finden Sie hier: *https://www.internet-abc.de/fileadmin/user_upload/categories/for_kids/Mein-eigener-Comic-lang.pdf.*

KV Seite 44 / 45

Würfelspiel mit Superkräften

Das Würfelspiel eignet sich für zwei bis vier Personen. Die Aktionen sorgen für Spaß und Bewegung. Die Schüler können auch weitere Kärtchen mit Aufgaben erstellen. Neben den Aktionskarten und dem Spielplan braucht jede Gruppe eine Spielfigur pro Kind, einen Würfel und eine Stoppuhr. Erklären Sie die Spielregeln, bevor es losgeht:

1. Legt den Spielplan in die Tischmitte. Schneidet die Aktionskarten aus. Sie kommen verdeckt auf das eingezeichnete Feld auf dem Spielplan.
2. Würfelt nacheinander und rückt eure Figur auf dem Spielplan vorwärts.
3. Kommt ein Spieler auf ein Aktionsfeld, zieht ein anderer Spieler eine Karte und liest die Aktion vor.
4. Wird eine Aktion innerhalb von dreißig Sekunden richtig umgesetzt, darf der Spieler zwei Felder vorrücken. Ansonsten muss er in der nächsten Runde erneut eine Aktion ausführen. Im Zweifelsfall entscheiden die Mitspieler per Abstimmung, ob die Aufgabe korrekt erledigt wurde.
5. Gewinner ist, wer zuerst das Ziel erreicht.

KV Seite 46 – 48

Infocube

Ein Infocube ist eine alternative Präsentationsform zu einem Plakat oder Lapbook. Er kann genutzt werden, um Arbeitsergebnisse zu reflektieren und ansprechend darzustellen. Der Deckel, dessen Maße etwas größer als die des Würfels sind, hält den Infocube zusammen. Nimmt man den Deckel ab, klappt der Würfel auseinander und die neun Felder werden sicht- und erlebbar.

Bei der Gestaltung arbeiten die Kinder allein, mit einem Partner oder in der Gruppe. Die Maße und Themen für den Superkraft-Würfel sind auf den Kopiervorlagen vorgegeben. Bei der Umsetzung sind Ihre Schüler aber aufgefordert, kreativ zu sein: Sie können Texte mit der Hand oder am Computer schreiben, einen Stop-Motion-Film drehen oder ihre Lieblingsstelle vertonen und mithilfe eines QR-Codes erlebbar machen, Collagen mit verschiedenen Stiften und Materialien gestalten oder Dekorationsmaterial einsetzen (z. B. Sticker, Washi Tape). Minibücher erleichtern die Präsentation von längeren Texten wie Inhaltsangaben oder Steckbriefen.

Heidemarie Brosche

Füllt das Placemat aus. Informationen findet ihr auf der Homepage der Autorin.

Noch mehr Wissenswertes

Leben

Bücher

Berufe

Name:

LEVEL 1 2 3

Unterricht zu Hause

Ben macht sich am Morgen nicht auf den Weg zur Schule, denn er hat Homeschooling.

Lies das 1. Kapitel und vervollständige die Sätze.

1. Ben hat Unterricht zu Hause, weil in der Schule ein ____________________ kaputt ist. (Seite 8)
2. Ausgerechnet heute wäre Ben gern in die Schule gegangen. Denn er möchte Lena mit einem ____________________ beeindrucken. (Seite 8)
3. Am Bildschirm erzählt Herr Huch der Klasse etwas über ____________________ im Herbst. (Seite 9)
4. Ben kann den Herbst nicht leiden, denn dann sind die ____________________ endgültig vorbei. (Seite 9)
5. Der Schultag zu Hause ist ziemlich langweilig. Deshalb spielt Ben mit seinem ____________________. (Seite 10)
6. Plötzlich passiert etwas Spannendes: Er bekommt eine ____________________ mit einem Link zu einem Gewinnspiel. (Seite 10)

Würdest du auf den Link in der Nachricht klicken? Begründe.

Hallo Ben! Mach gleich mit bei unserem Gewinnspiel! Mit etwas Glück gewinnst du eine Superkraft. Klicke hier: *www.superkraft.de.*

____

____

____

____

Name: ______________________ LEVEL 1 2 3

Unterricht zu Hause

Ben macht sich am Morgen nicht auf den Weg zur Schule, denn er hat Homeschooling.

Lies das 1. Kapitel und vervollständige die Sätze.

1. Ben hat Unterricht zu Hause, weil in der Schule ______________________
____.

2. Ausgerechnet heute wäre Ben gern in die Schule gegangen, denn ______________________
____.

3. Am Bildschirm erzählt Herr Huch der Klasse ______________________
____.

4. Ben kann den Herbst nicht leiden, denn dann ______________________
____.

5. Der Schultag zu Hause ist ziemlich langweilig, deshalb spielt Ben
____.

6. Plötzlich passiert etwas Spannendes: Er bekommt eine ______________________
____
____.

Würdest du auf den Link in der Nachricht klicken? Begründe.

Hallo Ben! Mach gleich mit bei unserem Gewinnspiel! Mit etwas Glück gewinnst du eine Superkraft. Klicke hier: *www.superkraft.de.*

____
____
____

Name:

LEVEL 1 2 3

Steine, Steine, Steine

Ben will seine Mitschülerin Lena mit dem tollen Kristallstein beeindrucken.

Probiere einige der Aktivitäten mit Steinen aus – allein, mit einem Partner oder in der Gruppe.

Ausstellung mit Steinen
Zeigt eure Steine in einer Ausstellung.

Steingespür
Lege dich hin und schließe die Augen. Versuche zu spüren, auf welches Körperteil dein Partner einen Stein legt.

Steingeschichte
Schreibe eine Geschichte darüber, was Bens Kristallstein schon alles erlebt haben könnte.

Steinspiel
Werft mit kleinen Kieselsteinen auf ein Ziel, z. B. in einen Kreidekreis.

Steinbilder
Malt Steine bunt an oder gestaltet auf dem Pausenhof aus Steinen ein Bild.

Meditation mit Stein
Lege eine kleine Ruhepause ein. Schließe die Augen und ertaste den Stein mit deinen Fingern.

Präsentiere deiner Klasse eine eigene Idee, was man noch mit Steinen machen kann.

Name:

LEVEL 1 2 3

Gewinnspiel mit Superkraft

Im 2. Kapitel löst Ben das Rätsel auf dem Handy – und gewinnt!

Welche Fähigkeiten hätte Ben gern? Lies seine Gedanken und beschreibe eine Situation in der Schule, in der er die jeweilige Superkraft anwendet.

Zuerst ist Ben sauer, weil er keine Veränderung spürt. Doch dann geschieht etwas Sonderbares.

Notiere in ganzen Sätzen, was passiert.

Name:

LEVEL 1 2 3

Gewinnspiel mit Superkraft

Im 2. Kapitel löst Ben das Rätsel auf dem Handy – und gewinnt!

Welche Fähigkeiten hätte Ben gern? Lies seine Gedanken und beschreibe eine Situation in der Schule, in der er die jeweilige Superkraft anwendet.

Wachsen mir jetzt dicke Muskeln?

Oder Flügel?

Oder kann ich durch Wände gehen?

Zuerst ist Ben sauer, weil er keine Veränderung spürt. Doch dann geschieht etwas Sonderbares.

Notiere in ganzen Sätzen, was passiert.

Name:

LEVEL 1 2 3

Bunte Blätter im Herbst

Lies den Sachtext genau.

Im Sommer sind die Blätter fast aller Laubbäume grün.
Das kommt durch einen grünen Farbstoff, das sogenannte Chlorophyll (sprich: Klorofüll).
Dieser Farbstoff ist wichtig.
Durch ihn können die Bäume mithilfe von Sonnenlicht Kohlendioxid und Wasser in Sauerstoff und Traubenzucker umwandeln.
Im Herbst wird der grüne Farbstoff in den Blättern abgebaut.
Die Bäume speichern ihn in den Ästen und Wurzeln für das nächste Frühjahr.
Nun sehen wir die anderen Farben, z.B. Rot, Gelb oder Orange, die das Chlorophyll bisher überdeckt hat.
Deshalb wirkt es so, als ob sich die Blätter verfärben.

Beantworte die Fragen zum Text. Notiere deine Antworten in Sätzen.

1. Wie heißt der grüne Farbstoff in den Blättern der Laubbäume?

____

____

2. Was passiert im Herbst mit dem grünen Farbstoff?

____

____

____

____

____

3. Was stimmt? Kreuze an.

- ☐ Der grüne Farbstoff hat für den Baum keine große Bedeutung.
- ☐ Über den Winter wird das Chlorophyll vom Baum gespeichert.
- ☐ Die anderen Farbstoffe sind auch in den grünen Blättern enthalten.

Name:

LEVEL 1 2 3

Bunte Blätter im Herbst

Lies den Sachtext genau.

Im Frühling und Sommer sind die Blätter der meisten Laubbäume grün. Die Färbung bekommen sie durch einen grünen Farbstoff, das sogenannte Chlorophyll (sprich: Klorofüll). Dieser Farbstoff ist für die Photosynthese wichtig – den Vorgang, bei dem Bäume mithilfe von Sonnenlicht Kohlendioxid und Wasser in Sauerstoff und Traubenzucker umwandeln. Vor dem Winter, also im Herbst, wird dieser bedeutsame grüne Farbstoff in den Blättern abgebaut, abtransportiert und in den Ästen und Wurzeln für das nächste Frühjahr gespeichert. Zum Vorschein kommen nun andere Farben, z.B. Rot, Gelb oder Orange, die das Chlorophyll bisher überdeckt hat. Aus diesem Grund wirkt es so, als ob sich die Blätter verfärben. Dieser Vorgang hängt nicht mit den niedrigeren Temperaturen im Herbst, sondern mit den kürzer werdenden Tagen zusammen.

Beantworte die Fragen zum Text. Notiere deine Antworten in Sätzen.

1. Wie heißt der grüne Farbstoff in den Blättern der Laubbäume?

____

____

2. Was passiert im Herbst mit dem grünen Farbstoff?

____

____

____

____

____

____

3. Was stimmt? Kreuze an.

- [ ] Der grüne Farbstoff hat für den Baum keine große Bedeutung.
- [ ] Über den Winter wird das Chlorophyll vom Baum gespeichert.
- [ ] Die anderen Farbstoffe sind auch in den grünen Blättern enthalten.

Name: LEVEL 1 2 3

Ein merkwürdiger Tag

Nach dem Unterricht zu Hause muss Ben im 3. Kapitel dringend an die frische Luft. Unterwegs begegnet er verschiedenen Personen.

Male mit derselben Farbe an, was zusammengehört: Person – Gedanke – Aussage / Handlung.

Frau Steiger

Timo, du Blödmann! Nur wegen dir hab ich den nicht gekriegt.

Auf Bens Frage, ob sie Hilfe braucht, schüttelt die Person den Kopf.

Mick

Immer mache ich alles falsch. Was für ein Mist!

Ich brauche keine Hilfe. Leider kann ich vor Erschöpfung nicht mal mehr lächeln. Dabei hab ich den Jungen sehr gern.

Mann, den hätte ich kriegen müssen! Jetzt denken alle, ich wäre eine Niete.

Tut mir leid.

Timo

Wie verhalten sich die drei Personen? Gibt es eine Gemeinsamkeit? Schreibe auf.

Name:

LEVEL 1 2 3

Ein merkwürdiger Tag

Nach dem Unterricht zu Hause muss Ben im 3. Kapitel dringend an die frische Luft. Unterwegs begegnet er verschiedenen Personen.

Male mit derselben Farbe an, was zusammengehört: Person – Gedanke – Aussage / Handlung.

Frau Steiger

Auf Bens Frage, ob sie Hilfe braucht, schüttelt die Person den Kopf.

Timo, du Blödmann! Nur wegen dir hab ich den nicht gekriegt.

Mick

Immer mache ich alles falsch. Was für ein Mist!

So alt bin ich noch nicht, dass ich Hilfe brauche. Leider kann ich vor Erschöpfung nicht mal mehr lächeln. Dabei hab ich den Jungen sehr gern.

Mann, den hätte ich kriegen müssen! Jetzt denken alle, ich wäre eine Niete.

Tut mir leid.

Timo

Wie verhalten sich die drei Personen? Gibt es eine Gemeinsamkeit? Schreibe auf.

Name:

LEVEL 1 2 3

Das passt doch nicht zusammen!

Manchmal handeln oder sprechen wir anders, als wir uns fühlen.

Was würden Ben und Lena in den folgenden Situationen wohl sagen oder tun? Schneidet die Karten unten aus und spielt die Szenen zu zweit nach.

Warum ist es uns nicht immer möglich, unsere eigentlichen Gedanken zu äußern oder unsere Gefühle zu zeigen? Sprecht darüber.

Wie könnten die Situationen ablaufen, wenn Ben und Lena mehr darüber verraten, was in ihnen vorgeht? Spielt die Szenen noch mal neu.

✂

Ben ist aufgeregt, weil er ein Referat vor der Klasse halten soll. Julian bemerkt, dass Ben unruhig auf seinem Stuhl hin und her rutscht, und fragt: „Was ist los mit dir?“

Wenn Ben beim Fußball im Tor steht, hat er Angst vor zu festen Schüssen. Mick will, dass Ben ihn als Torwart ablöst, und meint: „Das ist doch kein Problem, oder?“

Marie schlägt Lena eine Mutprobe vor: Sie soll einen Schokoriegel klauen. Weil Lena zögert, stichelt Marie: „Du traust dich nicht, oder?“

Lena soll Ben die Hausaufgaben bringen, weil er krank ist. Elisabeth fällt auf, dass Lena nervös ist. Sie fragt: „Bist du in Ben verliebt?“

Name:

LEVEL 1 2 3

Der größte Pechvogel

Lies das 4. Kapitel und kreuze die richtigen Satzenden an.

1. Ben sitzt auf der Eiche und denkt: „Ich bin ...

☐ ein echter Glückspilz!“ (N)
☐ der größte Pechvogel auf Erden!“ (E)

2. Sein Herz ...

☐ schlägt ihm bis zum Hals. (M)
☐ rutscht ihm in die Hose. (E)

3. Nach Hause zu Papa und Fiona will Ben nicht. „Die kleine ...

☐ Nervensäge ertrage ich im Moment nicht.“ (M)
☐ Kröte nervt mich garantiert wieder.“ (T)

4. Ben lässt Steine über den Teich hüpfen. Plötzlich ...

☐ sieht er, dass Lena gegenüber am Ufer steht. (H)
☐ merkt er, dass es dunkel wird. (I)

5. Zu Hause hört er Papas Stimme, obwohl dessen Mund zu ist: „Wieso bin ich ...

☐ denn so streng? Ich bin doch glücklich, dass Ben wieder da ist.“ (C)
☐ eigentlich so streng? Ich bin doch froh, dass Ben heil zurück ist!“ (T)

6. Als Ben auch noch mitbekommt, was Fiona denkt, seufzt er: „Komm mit, ...

☐ Fiona. Lass uns was spielen!“ (S)
☐ Fifi. Lass uns was spielen!“ (N)

Trage die Buchstaben hinter den richtigen Satzenden von unten nach oben ein.

Lösungswort:

6	5	4	3	2	1

Name:

LEVEL 1 2 3

Der größte Pechvogel

Lies das 4. Kapitel und kreuze die richtigen Satzenden an.

1. Ben sitzt auf der Eiche und denkt: „Ich bin ...

- [ ] ein echter Glückspilz!“ (N)
- [ ] der größte Pechvogel auf Erden!“ (E)

2. Sein Herz ...

- [ ] schlägt ihm bis zum Hals. (M)
- [ ] rutscht ihm in die Hose. (E)

3. Nach Hause zu Papa und Fiona will Ben nicht. „Die kleine ...

- [ ] Nervensäge ertrage ich im Moment nicht.“ (M)
- [ ] Kröte nervt mich garantiert wieder.“ (T)

4. Wie ein Verrückter lässt Ben Steine über den Teich hüpfen. Plötzlich ...

- [ ] sieht er, dass Lena gegenüber am Ufer steht. (H)
- [ ] merkt er, dass es dunkel wird. (I)

5. Zu Hause hört er Papas Stimme, obwohl dessen Mund zu ist: „Wieso rede ich ...

- [ ] denn so streng mit Ben? Ich bin doch glücklich, dass er wieder da ist.“ (C)
- [ ] eigentlich so streng mit Ben? Ich bin doch froh, dass er heil zurück ist!“ (T)

6. Als Ben auch noch mitbekommt, was Fiona denkt, seufzt er: „Komm mit, ...

- [ ] Fiona. Lass uns was spielen!“ (S)
- [ ] Fifi. Lass uns was spielen!“ (N)

Trage die Buchstaben hinter den richtigen Satzenden von unten nach oben ein.

Lösungswort:

6	5	4	3	2	1

Name:

LEVEL 1 2 3

Superkräfte

Welche Superkräfte kennst du? Schreibe auf.

Ben kann es nicht fassen: Er hört die Gedanken anderer Menschen. Diese Superkraft will er nicht! Viel lieber hätte er dicke Muskeln oder Flügel ...

Welche Superkraft hättest du gern? Notiere in Sätzen und begründe.

Name:

Kraft, die Kraft kostet

Schreibe die gesuchten Begriffe aus dem 5. Kapitel mit Großbuchstaben in das Gitter. Trage die Buchstaben aus den grauen Feldern unten in die Kästchen ein. So erhältst du das Lösungswort.

1. Was kostet Ben die Superkraft? (Seite 32)
2. Wo muss Bens Handy nachts liegen? In der ... (Seite 32)
3. Ben benutzt das Handy am Abend heimlich. Damit hält er sich nicht an die ... (Seite 32)
4. Papa kommt in Bens Zimmer. Was wollte er eigentlich tun? Sich ... (Seite 33)
5. Wohin will Ben nicht mehr schauen? Ins ... (Seite 34)
6. Was verändert sich, wenn Ben die Stimmen der anderen hört? Sein ... (Seite 36)

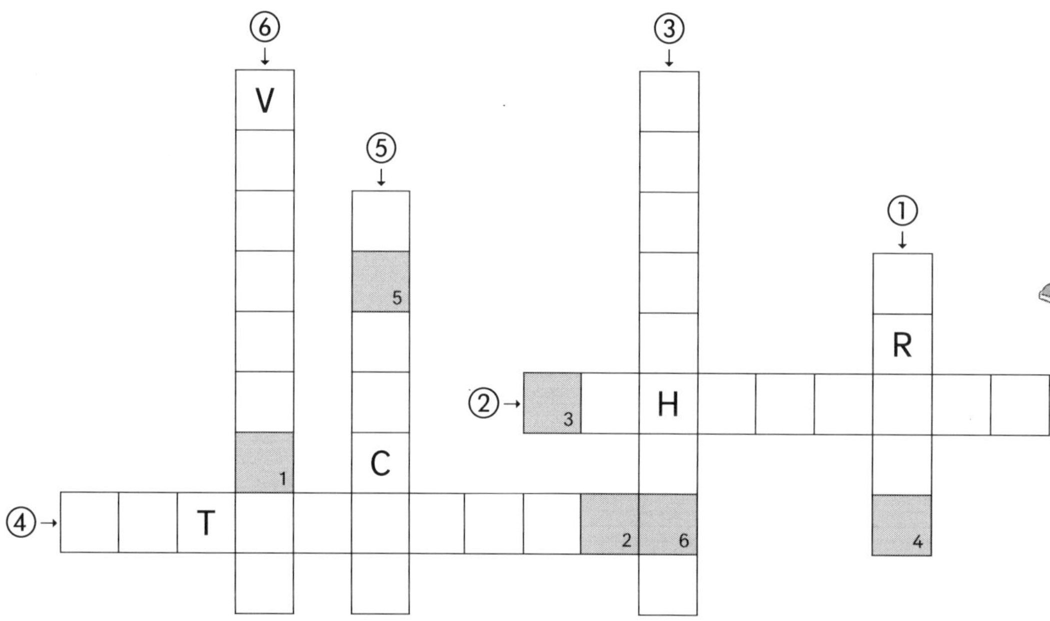

Lösungswort:

1	2	3	4	5	6

Name:

LEVEL 1 2 3

Kraft, die Kraft kostet

Schreibe die gesuchten Begriffe aus dem 5. Kapitel mit Großbuchstaben in das Gitter. Trage die Buchstaben aus den grauen Feldern unten in die Kästchen ein. So erhältst du das Lösungswort.

1. Was kostet Ben die Superkraft?
2. Wo muss Bens Handy nachts liegen? In der ...
3. Ben benutzt das Handy am Abend heimlich. Damit hält er sich nicht an die ...
4. Papa kommt in Bens Zimmer. Was wollte er eigentlich tun? Sich ...
5. Wohin will Ben nicht mehr schauen? Ins ...
6. Was verändert sich, wenn Ben die Stimmen der anderen hört? Sein ...

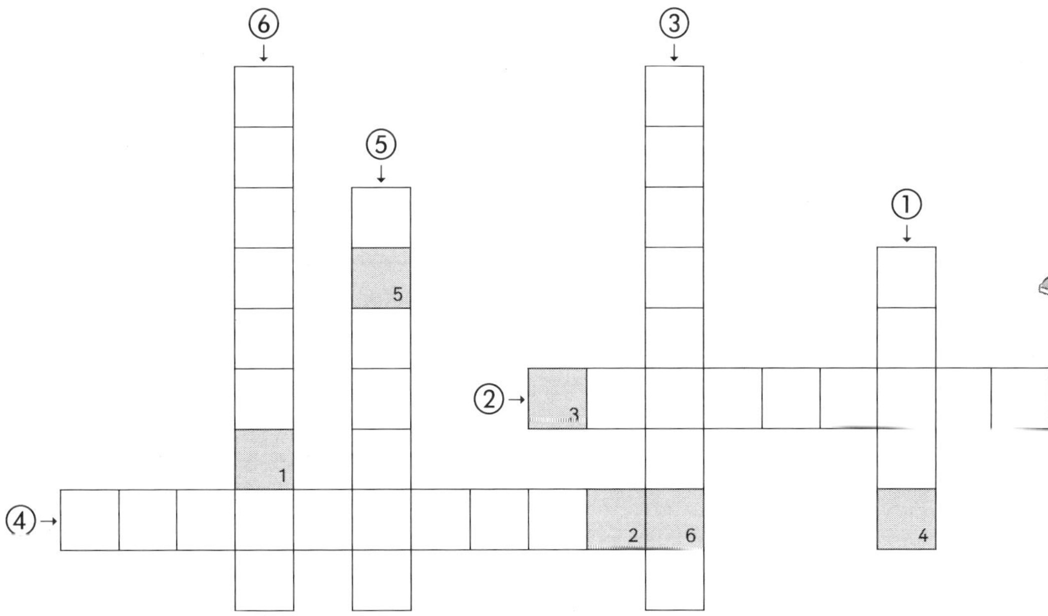

Lösungswort:

1	2	3	4	5	6

Name:

LEVEL 1 2 3

Interview mit einem Superhelden

Suche dir einen Superhelden aus einer Geschichte oder einem Film aus. Es kann aber auch ein „Alltagsheld" sein. Stell dir vor, du würdest ein Interview mit ihm oder ihr führen. Schreibe die Antworten auf.

1. Wer bist du?

2. In welcher Geschichte kommst du vor? / Was ist dein Beruf?

3. Welche Superkraft besitzt du?

4. Wem hilfst du mit deiner Superkraft?

5. Was sagen andere über dich?

6. Hat deine Superkraft auch Nachteile?

7. Welcher Held wärst du lieber und warum?

Name:

LEVEL 1 2 3

Nicht ins Gesicht schauen

Ben macht einen Test, um herauszufinden: Hört er die Stimme seines Gegenübers wirklich nur, wenn er die Person ansieht?

In diesem Text sind acht Fehler. Ersetze die unterstrichenen Wörter durch die richtigen Begriffe aus dem 6. Kapitel. Schreibe sie darüber.

Beim Frühstück bemüht sich Ben, seiner Schwester nicht ins Gesicht zu schauen. Er will die Vorführung auf keinen Fall verpfuschen! Als Fiona sich verabschiedet, merkt Ben, dass sie Meersalz im Auge hat. Beim Entfernen sieht er sie aus Versehen doch an. Sofort hört er Fionas Stimme: „Ich hab meinen Bruder fo lieb.“ Also war seine Vermutung richtig!

Zum Glück hat Ben heute wieder Unterricht zu Hause. Er hat den Kristallstein für Marie und die Münze von seiner Nachbarin dabei. Auf dem Schulweg denkt Ben an Robby, der immer wieder Nettigkeiten auf Lager hat. Aber jetzt wird er sich wehren!

Unterwegs kommt Ben an einem kleinen Kiosk vorbei. Dort kauft er sich Bonbons. Der neue Verkäufer sieht ihn unfreundlich an. Als Ben seinen Test kurz vergisst und den Blick entgegnet, hört er die Stimme des Mannes: „Ich hab Lust, dass mich gleich an meinem ersten Arbeitstag jemand beklaut.“ Nachdem Ben nun weiß, was los ist, winkt er zum Abschied.

Name:

LEVEL 1 2 3

Nicht ins Gesicht schauen

Ben macht einen Test, um herauszufinden: Hört er die Stimme seines Gegenübers wirklich nur, wenn er die Person ansieht?

Hier haben sich zehn Fehler eingeschlichen. Streiche die falschen Wörter durch und schreibe die richtigen Begriffe aus dem 6. Kapitel darüber.

Beim Frühstück bemüht sich Ben, seiner Schwester nicht ins Gesicht zu schauen. Er will die Vorführung auf keinen Fall verpfuschen! Als Fiona sich verabschiedet, merkt Ben, dass sie Meersalz im Auge hat. Beim Entfernen sieht er sie aus Versehen doch an. Sofort hört er Fionas Stimme: „Ich hab meinen Bruder fo lieb." Also war seine Lösung richtig!

Zum Glück hat Ben heute wieder Unterricht zu Hause. Er hat den Kristallstein für Marie und die Münze von seiner Nachbarin dabei. Auf dem Schulweg denkt Ben an Robby, der immer wieder Nettigkeiten auf Lager hat. Aber jetzt wird er sich wehren!

Unterwegs kommt Ben an einem kleinen Imbiss vorbei. Dort kauft er sich Bonbons. Der neue Verkäufer sieht ihn unfreundlich an. Als Ben seinen Test kurz vergisst und den Blick entgegnet, hört er die Stimme des Mannes: „Ich hab Lust, dass mich gleich an meinem ersten Arbeitstag jemand beklaut. Der Chef hat extra gesagt, ich soll gut aufpassen." Nachdem Ben nun weiß, was los ist, winkt er zum Abschied.

Name:

LEVEL 1 2 3

Ins Gesicht geschaut

Ben hört die Gedanken seiner Mitmenschen, wenn er sie ansieht. Aber auch ohne diese Superkraft kannst du vom Gesicht deines Gegenübers manches ablesen.

Was ist dabei für dich zu erkennen? Kreise ein.

Trauer

Alter

Schmerz

Freude

Reichtum

Stolz

Verliebtheit

Verletzungen

Nationalität

Fieber

Note im letzten Test

Wut

Scham

Geschlecht

Diskutiert in der Klasse über eure Ergebnisse.

Name:

LEVEL 1 2 3

Onkel Ben und Robby-Car

Ben mag seinen Mitschüler Robby nicht besonders, Lena aber umso mehr.

Lies das 7. Kapitel. Finde drei Beispiele, die zeigen, dass Ben Lena gernhat. Notiere jeweils den ganzen Satz.

Seite 45: ______________________________

Seite 47: ______________________________

Seite 47: ______________________________

Ben möchte Lena gefallen. Aber wie? Er ist unsicher, wie er sich verhalten soll.

Kennst du dieses Gefühl? Schreibe eine ähnliche Situation auf.

Was meinst du: Wird Ben sich trauen, Lena anzusprechen? Begründe.

Name:

LEVEL 1 2 3

Onkel Ben und Robby-Car

Ben mag seinen Mitschüler Robby nicht besonders, Lena aber umso mehr.

Lies das 7. Kapitel. Finde vier Beispiele, die zeigen, dass Ben Lena gernhat. Notiere jeweils den ganzen Satz.

Ben möchte Lena gefallen. Aber wie? Er ist unsicher, wie er sich verhalten soll.

Kennst du dieses Gefühl? Schreibe eine ähnliche Situation auf.

Was meinst du: Wird Ben sich trauen, Lena anzusprechen? Begründe.

Leserallye

Fehler finden

Lies einen Abschnitt aus dem Kapitel vor. Baue absichtlich drei Fehler ein. Fällt es deinem Partner auf? Tauscht nun eure Rollen.

Mal stehend, mal sitzend

Lies deinem Partner einen Abschnitt aus dem Kapitel mehrmals vor: im Stehen, auf dem Tisch sitzend, im Reitersitz auf dem Stuhl. Tauscht nun eure Rollen.

Verschiedene Vorleser

Lest abwechselnd vor. Schlüpft dabei in unterschiedliche Rollen: Nachrichtensprecher, Roboter, Youtuber, Schauspieler auf der Bühne ...

Mal leise, mal laut

Lest abwechselnd vor – und das in verschiedenen Lautstärken: mal flüsternd, mal halblaut oder auch mal besonders laut.

Ich-Du-Wir-Würfel

Würfelt der Reihe nach.
Ich: Lies selbst einen Abschnitt vor.
Du: Suche ein Kind aus, das den nächsten Abschnitt vorliest.
Wir: Die Gruppe liest gemeinsam den nächsten Abschnitt vor.

Würfel-Lesen

Würfelt der Reihe nach. Die gewürfelte Zahl gibt an, wie viele Sätze vorgelesen werden sollen. Dann ist der Nächste dran.

Name:

LEVEL 1 2 3

Pause mit Streitschlichtern

Der Konflikt zwischen Ben und Robby spitzt sich im 8. Kapitel zu.

Wie zeigt sich, dass die Jungen sich nicht mögen? Kreuze an.

- ☐ Sie ziehen sich mit Spitznamen auf.
- ☐ Sie schreiben sich ziemlich gemeine Briefchen.
- ☐ Robby droht Ben.
- ☐ Die beiden reden kein Wort miteinander.
- ☐ Ben versteckt Robbys Sachen.
- ☐ Die Jungen prügeln sich.

Warum reagiert Robby aggressiv auf Ben? Schreibe ab, was Robby durch den Kopf geht.

____

____

Finde gemeinsam mit einem Partner ein Nomen für Robbys Gefühl. Notiere es mit einer passenden Farbe in Großbuchstaben.

Am Ende des Kapitels denkt Ben: „Am liebsten würde ich Robby jetzt drücken.“ (Seite 53)

Erkläre, was passiert ist.

____

____

____

LEVEL 1 2 3

Name:

Pause mit Streitschlichtern

Der Konflikt zwischen Ben und Robby spitzt sich im 8. Kapitel zu.

Wie zeigt sich, dass die Jungen sich nicht mögen? Nenne drei Beispiele.

Warum reagiert Robby aggressiv auf Ben?
Schreibe ab, was Robby durch den Kopf geht.

Finde gemeinsam mit einem Partner ein Nomen für Robbys Gefühl.
Notiere es mit einer passenden Farbe in Großbuchstaben.

Am Ende des Kapitels denkt Ben: „Am liebsten würde ich Robby jetzt drücken.“ (Seite 53)

Erkläre, was passiert ist.

Name: LEVEL 1 2 3

Streit schlichten

Ben und Robby sprechen mit den Streitschlichtern aus der 7. Klasse.

Streit schlichten – was bedeutet das eigentlich? Erkläre in Sätzen.

Was müssen Streitschlichter können und wie sollten sie sich verhalten? Besprich dich mit einem Partner oder recherchiere dazu im Internet. Notiere in Sätzen.

Spielt das Gespräch zwischen Ben, Robby und den beiden Streitschlichtern nach.

Name:

LEVEL 1 2 3

Grüne Schimmeraugen

Mithilfe der Superkraft traut sich Ben, Lena anzusprechen.

Lies das 9. Kapitel. Bringe die Sätze in die richtige Reihenfolge.

- [ ] Ben springt von seinem Bett auf und holt sich eine Banane aus der Küche. (nicht)
- [ ] In einer Nachricht steht, dass er es jetzt wieder ohne Superkraft schaffen muss. (sie)
- [1] Ben schenkt Lena nach der Schule den Kristallstein, den er im Urlaub gefunden hat. (Vielleicht)
- [ ] Zu Hause entspannt sich Ben auf seinem Bett. Irgendwann holt er sein Handy. Er hat drei neue Nachrichten. (ich)
- [ ] Am Abend wird Ben wieder mit Fiona spielen. Aber vorher will er noch mal los – zu Lena! (unbedingt)
- [5] Ben schreibt Lena zurück. Für den nächsten Tag verabredet er sich mit Mick zum Fußball. Auch Timo soll dabeisein. (gar)
- [ ] Ben begleitet Lena nach Hause. Sie unterhalten sich über Urlaub, Steine und Englisch. (brauche)

Trage die Wörter in Klammern bei der passenden Zahl ein. So erfährst du, was Ben am Ende der Geschichte über die Superkraft denkt.

„______ ______ ______ ______
1 2 3 4

______ ______ ______ ______ …“
5 6 7

Name:

LEVEL 1 2 3

Grüne Schimmeraugen

Mithilfe der Superkraft traut sich Ben, Lena anzusprechen.

Lies das 9. Kapitel. Bringe die Sätze in die richtige Reihenfolge.

☐ Ben springt von seinem Bett auf und holt sich eine Banane aus der Küche. (nicht)

☐ In einer Nachricht steht, dass er es jetzt wieder ohne Superkraft schaffen muss. (sie)

1 Ben schenkt Lena nach der Schule den Kristallstein, den er im Urlaub gefunden hat. (Vielleicht)

☐ Zu Hause entspannt sich Ben auf seinem Bett. Irgendwann holt er sein Handy und sieht, dass er drei neue Nachrichten hat. (ich)

☐ Am Abend wird Ben wieder mit Fiona spielen, aber vorher will er noch mal los – zu Lena! (unbedingt)

☐ Ben schreibt Lena zurück und verabredet sich für den nächsten Tag mit Mick zum Fußball. Auch Timo soll dabei sein. (gar)

☐ Während Ben Lena nach Hause begleitet, unterhalten sie sich über Urlaub, Steine und Englisch. (brauche)

Trage die Wörter in Klammern bei der passenden Zahl ein. So erfährst du, was Ben am Ende der Geschichte über die Superkraft denkt.

„________ (1) ________ (2) ________ (3) ________ (4)

________ (5) ________ (6) ________ (7) …“

Name:

LEVEL 1 2 3

Mit oder ohne Superkraft?

Ben denkt: „Das Tolle an der Superkraft ist, dass ich das Verhalten der Leute plötzlich viel besser verstehen kann!“ (Seite 57)

In welchen Situationen hat sich Ben mit seinem neuen Wissen anders verhalten als sonst? Finde drei Beispiele.

Warum hat Ben sein Verhalten in diesen Situationen geändert? Schreibe auf.

Ben nimmt sich für die Zukunft etwas vor, was seine eigenen Gedanken und Gefühle betrifft. Was?

Notiere zwei Beispiele, wie du dich auch ohne Superkraft in andere Menschen einfühlen kannst.

Name:

LEVEL 1 2 3

Comic

Geschichten von Superhelden werden häufig in Form von Comics erzählt.

Woran erkennst du einen Comic? Male passende Merkmale an.

Geschichte in Bildern mit Texten

Sprech- und Gedankenblasen

keine Tiere

ohne Satzzeichen

Rahmen um Bilder

unterschiedliche Schriften

Geräuschwörter (z. B. PENG!)

Gestalte zu einer Szene oder einem Kapitel der Lektüre einen Comic.

Präsentiere deinen Comic in der Klasse.

Würfelspiel mit Superkräften

Aktionskarten

✂

Superkraft Vorlesen (!)

Kannst du diese Sätze 6-mal ohne Fehler vorlesen?
Gedanken lesen? Das ist ja wohl die beste Superkraft aller Zeiten!

Superkraft Gedächtnis (!)

Nenne 10 Personen, die im Buch „Die blödeste Superkraft aller Zeiten" vorkommen.

Superkraft Schnellsprechen (!)

Kannst du den Zungenbrecher 5-mal fehlerfrei sagen?
Schimmeraugen schimmern wie Kristallsteine. Kristallsteine schimmern wie Schimmeraugen.

Superkraft Hochheben (!)

Kannst du wie Frau Steiger 2 schwere Sachen (z. B. Schulranzen) gleichzeitig 15-mal hochheben?

Superkraft Mimik (!)

Stelle 6 verschiedene Gefühle mithilfe deines Gesichts dar.

Superkraft Bauen (!)

Baue aus den Sachen in deiner Schultasche einen möglichst hohen Turm.

Superkraft Wissen (!)

Nenne 15 Zootiere oder 15 bei uns heimische Wildtiere.

Superkraft Entschuldigen (!)

Finde 5 verschiedene Möglichkeiten, dich zu entschuldigen.

Würfelspiel mit Superkräften

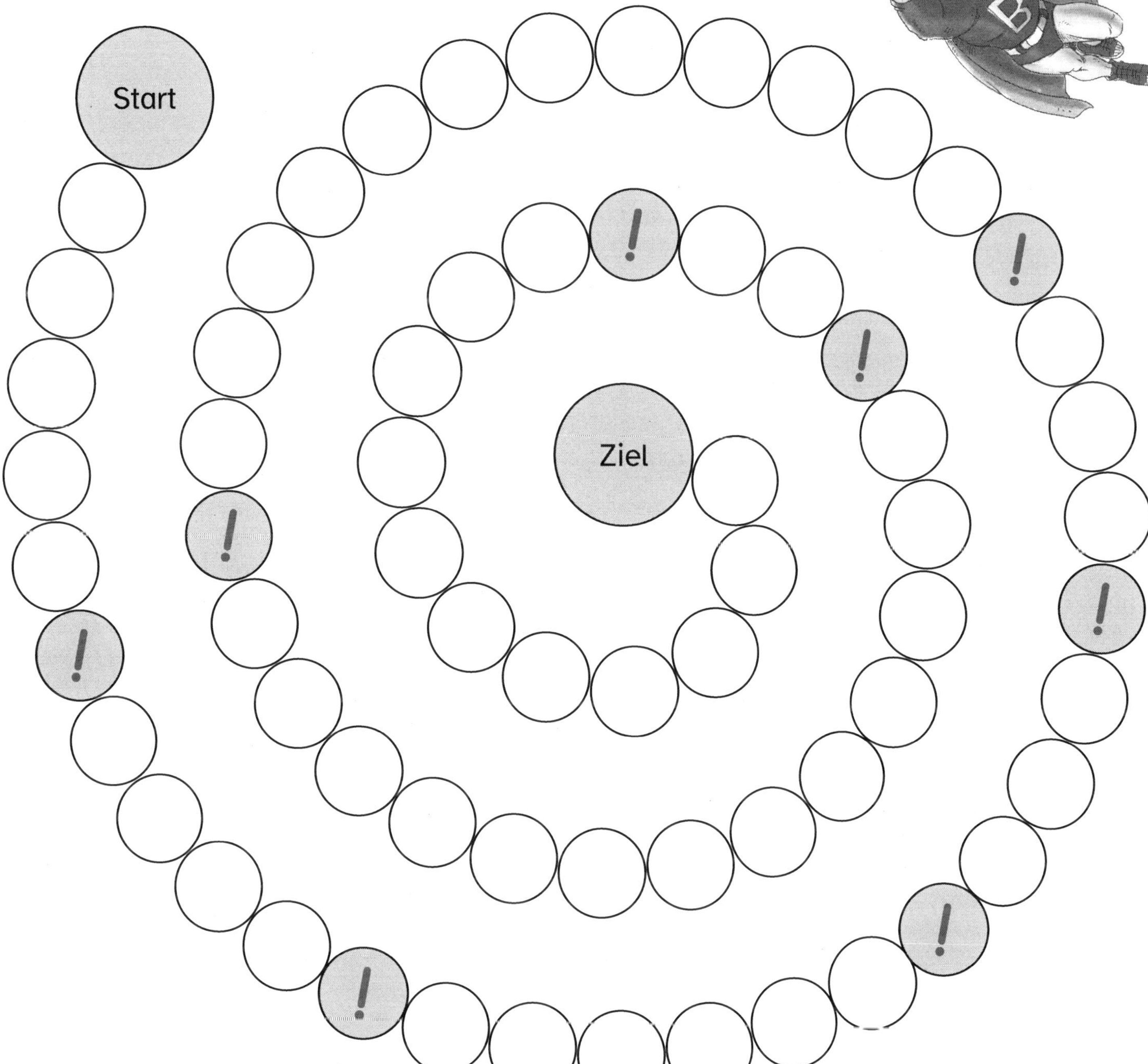

Dein Nachbar liest dir eine Aktionskarte vor. Für jede Aufgabe hast du nur 30 Sekunden Zeit! Wenn du sie schaffst, darfst du 2 Felder vorrücken.

Name:

LEVEL 1 2 3

Infocube (1)

Lies den Text und erfahre so, was ein Infocube (sprich: Infokjuhb) ist.

„Cube“ ist ein englisches Wort und bedeutet „Würfel“, „Info“ ist die Abkürzung für „Informationen“. Mithilfe eines Infocubes kannst du deine Eindrücke von der Lektüre kreativ darstellen. Der Würfel hat einen Deckel und neun Felder, in die du etwas schreiben, kleben oder zeichnen kannst. Hebst du den Deckel ab, klappt der Würfel auseinander und die beschrifteten Felder werden sichtbar. Ein Infocube ist vergleichbar mit einem Plakat zu einem Referat oder einer Infotafel im Museum.

Gestalte den Deckel und die neun Felder des Infocubes zu folgenden Themen.

- Deckel: Titel und Autorin der Lektüre
- Figuren: Stelle die wichtigsten Figuren aus der Geschichte vor.
- Steckbrief: Verfasse einen Steckbrief zu deiner Lieblingsfigur.
- Inhaltsangabe: Schreibe eine kurze Inhaltsangabe zum Buch.
- Lieblingsszene: Präsentiere deine Lieblingsszene. Schreibe oder gestalte einen Comic mit Sprechblasen. Du kannst die Szene auch vertonen.
- Zeichne eine Szene aus der Geschichte, zu der es noch keine Illustration im Buch gibt.
- Fortsetzung: Wie könnte die Geschichte weitergehen? Schreibe auf.
- Buchkritik: Was hat dir an der Lektüre (nicht) gefallen? Schreibe auf und begründe.
- Gestalte ein Feld nach deinen Ideen. Es soll aber zu dem Buch passen.
- Wer hat den Infocube gebastelt? Mache ein Feld zu deinem Feld!

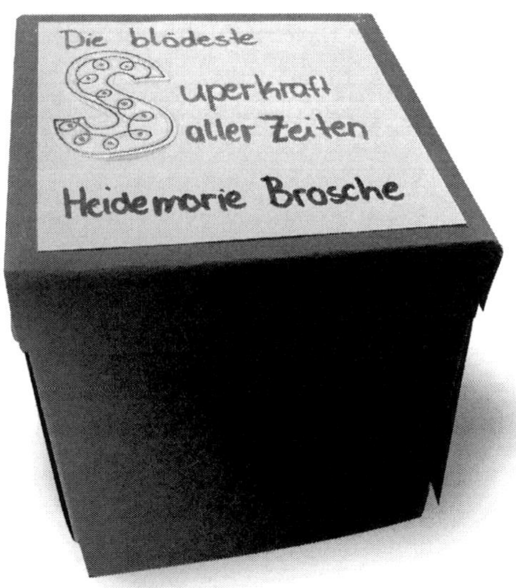

Name:

LEVEL 1 2 3

Infocube (2)

Bastle den Infocube, indem du Schritt für Schritt der Anleitung folgst.

Du brauchst:

- einen großen quadratischen Fotokarton (30 cm x 30 cm)
- einen kleinen quadratischen Fotokarton (14 cm x 14 cm)
- einen Bleistift
- ein Lineal
- eine Schere
- einen Klebestift
- Stifte in verschiedenen Farben
- buntes Papier / Schmuckpapier

So geht's:

1. Unterteile den großen quadratischen Karton mit Bleistift und Lineal in neun gleiche Quadrate (10 cm x 10 cm).
2. Schneide den Karton nun vom Rand nach jedem zweiten Quadrat zur Mitte hin bis zum inneren Quadrat ein. Das sind insgesamt vier Schnitte.
3. Falte das Papier jetzt an allen eingezeichneten Linien. So kannst du die kleinen Quadrate später als Seitenflächen nach oben klappen. Schiebe dabei immer zwei Quadrate übereinander.

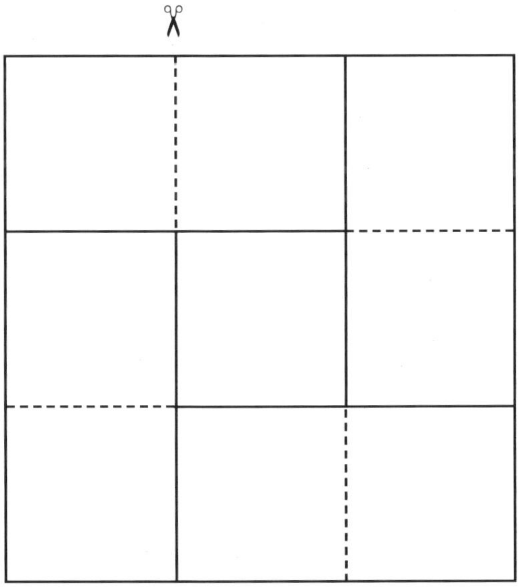

Schritte 1 und 2

Schritt 3

Name:

Infocube (3)

4. Zeichne für den Deckel, der den Infocube zusammenhält, auf dem kleineren Karton einen ca. 1,8 cm breiten Rand. (Das innere Quadrat des Deckels muss ein bisschen größer sein als die anderen Flächen des Würfels.)
5. Schneide diesen Rand viermal bis zum Quadrat in der Mitte ein (siehe gestrichelte Linien in der Skizze). Falte ihn entlang der eingezeichneten Linien nach oben.
6. Schiebe in einem letzten Schritt an allen vier Ecken das sich überlappende Papier übereinander (siehe Foto zu Schritt 6) und klebe es zusammen.

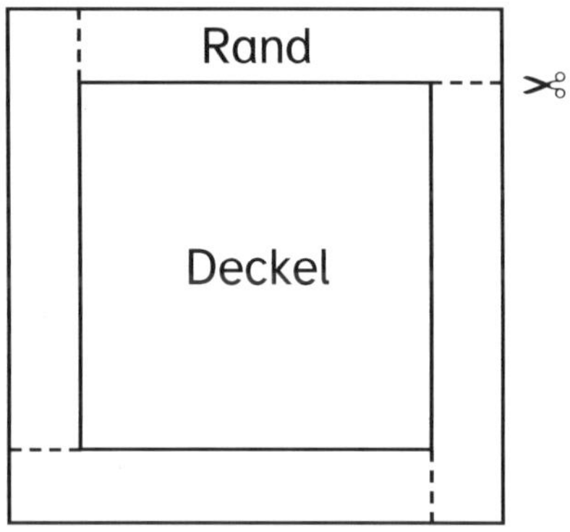

Schritte 4 und 5

Schritt 6

7. Gestalte nun die neun innen liegenden Felder des Würfels und den Deckel. Setze den Infocube dann zusammen.

Stelle deinen Infocube in der Gruppe oder in der Klasse vor.